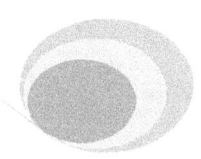

MONASTERIO

EL SENTIDO DE UNA VIDA CONTEMPLATIVA

Wladimir Dias
20/10/2014

MONASTERIO

EL SENTIDO DE UNA VIDA CONTEMPLATIVA

By Wladimir Moreira Dias

Universo Inteligente

Ansiedade zero

Templo da Malícia

Vencendo o Mundo

Coração Partido

Sonhos y Conquistas

Pulsação - Uma Viagem Rumo ao Desconhecido

O Manuscrito secreto do Rei Salomão

O Khan - A elite dos guerreiros

Alquimia das Emoções

Ritual da maturidade

Pulsação e o Manuscrito secreto do Rei Salomão

Pulsação - Uma questão de sintonia

Intelligent Universe – What is the ultimate fate?

A era da solidão

Pulse - Un viaje Hacia lo desconocido

Páginas em branco

Napoleon – The fish

MONASTERIO

EL SENTIDO DE UNA VIDA CONTEMPLATIVA

"¿Quién puede encontrar placer en soledad?."

"Este libro está dedicado a una persona especial."

Gracias la colaboración y la confianza de
todos los que me ayudó a hacer realidad
este proyecto.

NOTA DEL AUTOR

La natura nos ha dado un regalo muy especial y que nos ayuda en nuestro viaje por la vida, que es nuestra capacidad de olvidar.

Esta fantástica capacidad nos ayuda a olvidar mucho de todo lo que ha ido mal en nuestras vidas... Nuestras lágrimas... Nuestro dolor.

¿Cuáles fueron ...

Lo que queríamos ser... Esto es porque la vida es el arte de la renovación y se encarga de darnos otros recuerdos, otras cosas en que pensar y preocuparse...

Hoy nos encontramos ante el mal del siglo dentro de cada uno de nosotros.

Todos de alguna manera abraza a algunos de los tentáculos de la soledad.

Algunos hablan mucho, pero permanecen en silencio acerca de aspectos íntimos de sus vidas.

La soledad en pequeñas dosis a estimular la reflexión, sino la soledad radical estimula la depresión. Cuando se habla de la soledad, que no tenemos que valernos de la única monólogo. Podemos aprender a hablar y hacer el ejercicio a través del arte.

Siempre habrá una conversación silenciosa entre el actor en el escenario y el hombre en la oscuridad de la audiencia, entre el visitante de un museo y el pintor en su estudio, el escritor y su lector desconocido.

Ah! Los libros... sin lugar a dudas, que son los más pensamiento que provoca y anárquico en mi opinión. Leía y tu silencio ganará voz. Buena lectura!

"La educación para la vida debería incluir también
las lecciones de la soledad."

VISITA AL MONASTERIO

Yo estaba un poco introspectivo cuando escuché, a lo lejos, un ruido repetitivo de Hornos.

Así que ya se podía imaginar que sería, de hecho, no podía ser otra persona, ya que este fue el sello distintivo de la llegada de Joseph, un joven gerente y cuñado de Iohan.

Él, hace unos años, decidió convertirse en expertos en una doctrina de orígenes monásticos procedentes de algunos monjes que habitaban esta isla a finales del siglo noveno y buscó, los pocos times que siempre ocurre durante el sábado y se llevó a cabo en un antiguo monasterio situado cerca de la aldea, en las proximidades de la granja.

En este lugar pude ver reunido a decenas de personas a participar en actividades relacionadas con la meditación

Durante sus avances, siempre me dijo que estas prácticas sólo tenían ventajas, sin duda, una de las técnicas más eficaces cuando buscamos nuestro equilibrio interior, y si se practica con regularidad puede ser visto como un arma muy poderosa contra nuestra inestabilidad emocional.

En mi punto de vista, a pesar de que siempre se está un poco nerviosa, yo lo consideraba casi un experto en temas relacionados con la meditación, porque realmente me mostró cuánto del producto y saber acerca de estos métodos de inmersión.

Dentro de esta su postura persuasiva él me decía: - en estas mis momentos en busca de mejorar, gracias a Dios, empecé a pensar menos de todos mis oscilaciones emocionales, que tanto me atormentaba. Qué hacer yo para eso?

- Pregunta a sí mismo y poniendo su mano derecha sobre su corazón.

- Creo que fue sólo una cuestión de posicionamiento, incluso, una manera de percibir algunas cosas, hoy puedo entender mejor acerca de ellos, frente a un mero estado mental transitorio en mi vida.

Después de esto, José permaneció cabizbajo durante unos segundos y luego enfatizó: - En realidad creo difícil para todos nosotros esta búsqueda de la paz interior y, francamente, a veces realmente necesito ayuda profesional para que nos guíe en esta conquista - completado. Joseph mostró una personalidad impulsiva y, en esta línea, de repente decidió preguntarme si tenía alguna idea acerca de las tres cosas más difíciles de la vida. Yo, un poco sorprendido por su pregunta, me comentó que yo no tenía ni idea.

Entonces él me dijo con una sonriso:

- Obtener la paz de la mente, aprovechar el tiempo y realmente encontrar su media naranja.

- Hum! Creo que estoy de acuerdo contigo - le contesté.

Después de un breve descanso, José continuó con sus reflexiones.

- Usted sabe, desde el principio, lo que me motivó a asistir a las sesiones en el monasterio fue el hecho de que ellos me muestran algunas innovaciones, lo que me pareció interesante en relación a la meditación tradicional, que, sin lugar a dudas, es el resultado directo de la fuerte influencia que tenían la orden cartuja, uno de los más tradicionales y conocidos en Occidente .:

Hoy ya está bastante extendida en la isla, siendo ampliamente utilizado por los que meditan allí, con el fin de buscar la paz interior.

Como resultado, se decidió a poner de relieve sobre la base de su propia experiencia, la fuerte influencia de la ansiedad en nuestro equilibrio emocional.

Esta fue la Joseph persuasivo, siempre con sus muchos argumentos.

Iohan, que estaba cerca y de acuerdo con las declaraciones de su cuñado, que nos dice que en realidad, en todos los estudios relacionados con la psique humana, teniendo en cuenta también algunos seminarios que había participado, la ansiedad se presenta siempre como base de todos nuestros males emocionales, y ha continuado ...

- Ella No se limita a cualquier fase de la vida en particular o para cualquier grupo de personas, debido a que sus características si inculcar en todas las situaciones humanas, trabajando directamente en el centro de nuestras emociones, provocando una especie de malestar mental que parece no tener objetividad.

En este punto, me di cuenta de que Iohan era un poco emocionado por el contenido de nuestro tema y continuó explicando sus experiencias, y Joseph sólo escuchaba atentamente.

Me gusta sobre todo una gran cantidad de estos temas que se centran en las emociones humanas y la satisfacción.

Joseph también se demuestra en cómo la información fluyó muy bien desde Iohan.

De repente, en ese momento, una fuerte lluvia comenzó a caer en la granja, interrumpiendo nuestra discusión y Iohan tenido que hacerse cargo de las diversas tareas en ejecución que estaba sucediendo en las inmediaciones.

Yo y José Seguí adelante al balcón de la mansión y él siguió hablando conmigo, porque él todavía quería que le explique más acerca de las técnicas de meditación desarrollado en la isla.

Sin embargo, debido a una fuerte tormenta que comenzó a llegar al lugar donde estábamos en el porche, decidimos continuar nuestra conversación en la habitación.

Tan pronto como entré me di cuenta de que en la mesa de café en la esquina de la habitación había una pequeña botella con unas gotas de licor elaborados por Iohan y la tomé, sin demora, para que me sirvan este remanente de licor, con sabor a menta.

Particularmente me gusta mucho de estos temas que se centran en las emociones humanas y José también expresó su satisfacción por cómo fluía la información procedente
de Iohan.

En ese momento, una fuerte lluvia comenzó a caer en la granja, interrumpiendo la discusión y toma de Iohan correr a cargo de diversas tareas que tenían cerca de allí.

Joseph y yo nos dirigimos a la terraza de la mansión y no paraba de hablar, porque todavía quería que le explique más acerca de las técnicas de meditación desarrollado en la isla.

Pero debido a las fuertes salpicaduras de la tormenta que ya comenzaron a también dio en el clavo en el balcón donde estábamos, decidimos continuar nuestra conversación en la habitación.

Tan pronto como entré me di cuenta de que en la mesa de la esquina de la habitación había una pequeña botella con un líquido de posos preparados por el Iohan y tomé, sin demora, para que me sirvan este toque de licor con sabor a menta.

Después de tomar un sorbo, ha querido dejar claro a José que, a pesar de encontrar una magnífica técnica de meditación, me había convencido de que nunca podría llegar a su nivel más alto, conocido como el estado de la "iluminación", pero, de todos modos, también creo que, incluso cuando se practica en un nivel más superficial podemos promover o contribuir en la búsqueda de la estabilidad emocional.

- Ya sabes, José, creo que nuestro estilo de vida contemporánea demuestra una gran complejidad, cuando buscamos el sentimiento de felicidad, porque ya que está formado por varios planes, que casi siempre se ejecuta también en sus diversos obstáculos que dificultan nuestra buena socialización, independientemente de su contexto. Así que, yo siempre estoy buscando mantenerme con una mente abierta, tratando de aprender nuevas técnicas para ayudar a alcanzar el mejor equilibrio posible, hacer mi vida más productiva y feliz.

Centrándonos un poco más en las relaciones humanas, por ejemplo, en el trabajo, de acuerdo con la experiencia que hemos acumulado con los años, creo que debe ser necesaria para una persona para construir una carrera exitosa, no sólo sus conocimientos técnicos o el equipo disponible , pero es de suma importancia (pesa mucho) de este éxito la calidad de la gente que nos encontramos, es decir, este éxito futuro, por supuesto, no es simplemente el producto de tal habilidad que tenía, pero sobre todo cómo se las arregló para armonizar con las personas que en un momento u otro de su vida profesional ha participado, aportando o ralentizar su camino.

Si la persona puede desarrollar esta habilidad en el trato con la gente, en la sociedad, la posibilidad de contar con fluctuaciones emocionales disminuye también.

Por otro lado, cuando usted no tiene esta capacidad, sus problemas se multiplicarán, llevando eventualmente a la alienación y antagonismo social; la presión será mucho mayor, lo que socava el equilibrio mínimo, tan necesaria para su desarrollo constructivo y de la realización espiritual.

En mi opinión, esto se debe a que el principal objetivo de nuestra vida está esencialmente ligado al concepto de las relaciones humanas, y cuanto más se da cuenta de esta esencia se vuelve más clara su visión de la prosperidad cósmica, lo que resulta en una vida social más significativa y fructífera.

Después de mis reflexiones, de repente decidí que volvería a este monasterio como dicho por José, porque terminé me siento un poco en deuda con él, dada su persistencia para que conocía este lugar.

Así, el sábado me fui con él, a fin de participar de estas sesiones de meditación. Al llegar allí, me presentó a un viejo monje prácticamente ciego. Tenía mucha curiosidad y decidí preguntarle por qué a principios del siglo noveno monástica había sido elegido la isla.

Y él respondió con prontitud, haciendo hincapié en que en ese momento estos monjes habían tratado de vivir el Evangelio de la manera más perfecta posible.

Por razón de elegir este estilo de vida, fueron bautizados por algunos como "los buscadores del camino de la perfección cristiana".

Uno de estos monjes, llamado Gracián, fue realmente un apasionado de Cristo, siempre fue tomado de entusiasmo por la búsqueda de la perfección cristiana, y para lograr este ideal, renunció al mundo y sus concupiscencias y se sumergió para explorar otras tierras, hasta que encontró esta fantástica isla, aislado en el Atlántico, donde se estableció, con lo que sus compañeros de ermitaños, que compartían los mismos ideales que él.

Ciertamente, sólo el tiempo fue testigo y el mejor protagonista de esta hermosa forma de vida comenzó por aquellos monjes, guiados por Gracián, a finales del siglo noveno.

Sin duda, en la película de la época, haya sido capturado cada detalle de la vida cotidiana de los monjes, como si fueran parte de una película tridimensional, que muestra un ejemplo de la vida cotidiana; y ciertamente grabada la expresión de sus rostros también, el rumor de los pasos en las grandes salas del monasterio, que fue construido por ellos, con un trabajo arduo y laborioso definido a través de una unión demostrada de este equipo.

En este sitio, hoy en día, la gente a encontrar la orientación adecuada para cultivar un espíritu fuerte, alegre y valiente. Aquí creemos que la humanidad necesita de mucha meditación, so pena de sucumbir por la técnica sin ética y progreso sin Dios. - Joven, siempre tener en cuenta que la libertad es el espacio que la felicidad necesita. De acuerdo, con una breve inclinación de cabeza.

Entonces le dije que yo realmente había apreciado toda la información y después, a pesar de haber disfrutado todo el entorno, preferí no participó en ninguna de las sesiones que tuvieron lugar en las distintas salas del monasterio, sólo caminó por los pasillos, sólo con el objetivo conocer los distintos pasos de este proceso de meditación siempre seguido por tanta gente, es que cada uno de ellos duró varias horas, siempre bajo la dirección de los monjes.

Cuando los vi puntualizando algunos cambios sobre las de sus técnicas, comprendí la dinámica y la dirección de sus vidas contemplativas.

Creo que han sido seducidos por un misterio más grande, que todavía no entiendo muy bien.

En una de las salas del monasterio, vi un pequeño cuadro con la siguiente frase: "esta es la tranquilidad:". Dejar que el Señor nos hable una palabra igual a él "con ventaja el momento, Anoté en mi Smartphone.

Hoy, aquí escribiendo, estoy seguro de que nunca olvidaré la susceptibilidad penetrante que fui testigo en aquel monasterio, que apareció en la fuerza de la noche en su "soledad el sonido", el sonido de la lluvia, la quema de madera y crepitaba en el invernadero, en los detalles de la fruta en la bandeja, el vaso de agua sobre la mesa, en la cuenca de que se tambaleó y el hombre que quita nieve en una de sus entradas.

Al final del pasillo, en una de las más aisladas, salas podían oír algunos monjes que cantaban en voz muy baja, un tipo de canción muy similar a la de una Gregoriano.

Me enteré de que los tres lemas que movieron la vida de estos monjes más extremistas fueron el silencio, la soledad y la sencillez, a excepción de sus momentos de canto. A mi derecha había una entrada para una pequeña capilla en el interior del monasterio y me decidí a orar allí y aumentar un poco mi alma.

En esa noche, en el final de la sesión, sin duda será no van a olvidar el ritmo de las campanas y de lo hermoso que eran esos tonos.

Pero lo que más me impresionó en ese lugar es que no pasaría nada apresuradamente y que el ritmo, junto con el silencio, parecía pasar una lección, porque en ese momento me di cuenta claramente toda la intención de este marco, no sólo los rumores de silencio, pero sobre todo por la técnica que utilizan, que buscan educar a la mirada de las personas que estaban presentes.

El propósito de estos monjes era mejorar la percepción de estas personas para señales pequeñas, los detalles de la vida, que casi siempre se escapan de los que viven bajo el imperio de la prisa y la búsqueda del éxito.

De hecho, durante estas horas permanecí en el monasterio pudo darse cuenta de los numerosos y ricos detalles de la obra de estos monjes, en la cocina, en la toldilla, el ritmo de su poder silencioso, reuniendo para la oración, la escena en la que el monje alimenta el gato, la alegría y la gratuidad en el acto de ir cuesta abajo en la nieve.

Sin olvidar, por supuesto, las imágenes de la naturaleza en esa región tan espléndidos, como los árboles que bailaban bajo el ritmo del viento y también un hermoso cielo que abrazó todo ese lugar, que parecen buscar para proteger el paisaje.

Tarde en la noche volvimos a la granja y, en el coche, pensé que me hubiera gustado hacer esta excursión, porque había superado todas mis expectativas. Le dijo a José que crean la serenidad en la vida es muy importante, sobre todo para un habitante de una gran ciudad como yo, porque la moderna urbanización, la expansión exterior y la mecanización creciente aumenta la complejidad y disminuyen la parsimonia de nuestras vidas, y completaron:

- Sólo cuando estamos tranquilos es que somos capaces de ver las cosas como realmente son.

Realmente creo que justo cuando estamos calmados podemos reflejar la verdad de las cosas, lo que demuestra una creatividad pura, que sólo se expresa a través de una mente serena y armoniosa.

En mi punto de vista, si bien el Estado de serenidad es parte de nuestra vida, que necesita necesariamente ser estructurado de forma continua en nuestras mentes, porque si se descuida puede llegar a ser casi salvaje, haciéndonos perder nuestra buena esencia y favoreciendo el caos en nuestras vidas.

José entonces me dijo que acababa de leer un libro excelente, escrito por un fango indio, que ofrecía muchas palabras de sabiduría, y que sin duda me podría ayudar mucho en mis reflexiones.

En este libro, ejemplifica muy bien este tema de la serenidad y la pregunta:

- ¿Cuál es la serenidad? Será el amanecer de un día glorioso, con el sol a través de las hojas, cuyo silencio es a veces roto por el sonido de los pájaros, que se despiertan en medio de la fragancia de la hierba húmeda de rocío?

¿Es realmente la serenidad ansiada?

Él replicó.

Pensé un poco y le dije:

-Sincérela, Joseph, a veces yo soy escéptico acerca de si realmente existe la serenidad en nuestra alma, para este logro es muy difícil.

- Joseph me dijo entonces:

- Este libro habla de él también, y explica que, al igual que la naturaleza no da saltos, cambios de nuestras costumbres más arraigadas también ocurren muy lentamente convertido pacificado es un ejercicio de re-educación continua.

Hay que empezar a cultivar la paciencia y el silencio de la mente en nuestra vida de cada día, hasta que este proceso será la instalación y cada vez más fuerte.

Cada hombre se pacifica si no molestar a sí mismo por los detalles del día a día, suavizando su impacto en su ego, y con el tiempo la verdadera paz se asienta en él, que actúa como una burbuja que le protege del caos de la vida moderna.

- En realidad, Joseph, creo que siempre hay que protegernos de este trabajo incesante de la vida moderna, en nuestra búsqueda de los desequilibrios que causan exorbitantes superfluos y de placer en nuestras emociones y nos atormenta tanto.

Joseph, creo que todos nosotros, de alguna manera, nos están tratando de conquistar un espíritu bien ordenado, pero la forma de este logro dependerá de la capacidad y la preparación de cada uno en esta vida.

PROLOGUE

La soledad es el arte del encuentro con el vacío existencial.

Ese vacío tiene un doble significado.

Uno de ellos es la existencia de un significado metafísico; la otra es la ausencia, de la pérdida de algo importante.

La libertad es un descubrimiento solitario, lo que explica por qué muchos tratan de evitarlo.

La soledad es un sentimiento que genera ansiedad y que nos pone delante de una puerta en un mundo interior donde la clave es el sentido en el mundo, el porqué de las cosas, las preguntas que nos hacemos y para las que no podemos encontrar respuestas, pero también puede ser una experiencia de la trascendencia.

Todo en la vida es un proceso de nivel de aprendizaje, es decir, desde el interior hacia el exterior. Debemos tener el valor de aprender de ella y no sólo rechazarla. Rechazar nuestra soledad es lo mismo que rechazar nuestros defectos, nuestras miserias humanas.

Hay personas que van a hacer cualquier cosa para evitar hablar de la soledad, sobre la enfermedad, sobre las miserias humanas.

En la parte inferior, es sólo un intento de evitar el contacto con la realidad.

Individualmente hablando, nuestra verdadera distinción es establecida por cómo nos ocupamos de la soledad, la definición de nuestra sensación de libertad o de abandono que ella se deriva, dependiendo de la forma en que interpretamos, mientras que, consciente o inconscientemente, nuestra percepción del origen de nuestra existencia.

El hombre se vuelve real cuando se acepta la soledad como el precio de su propia libertad. Y se convierte en auténtico cuando interpreta la soledad del abandono, como una especie de desprecio de Dios o de la vida de él.

Con esta mano abierta de su propia existencia, convirtiéndose en un extraño para sí mismo, poniéndose al servicio de los demás y la dilución de la impersonal y la permanencia en la vida, como un personaje secundario de su propia historia.

"Ser auténtico es el que es responsable de su vida, el actor principal, el propietario, arquitecto de la obra maestra de su vida.

Cuando usted tiene buenas relaciones emocionales, la soledad es grande y trabaja en nuestro favor.

Nadie exige nada de nadie y por lo tanto crecer.

Todas las personas deben estar solos de vez en cuando, para establecer un diálogo interno y descubrir su fuerza personal.

En la soledad, el individuo entiende que la armonía y la paz de la mente sólo se pueden encontrar dentro de sí mismo.

Tome un momento para cerrar los ojos, abre tu corazón y sentir todo lo que viene de dentro de él, en su silencio natural y saludable. Cuida de ti.

#CONSIDERACIONES

Yo siempre estoy de viaje por trabajo, ya sea por Brasil y también en el exterior, rutina que quiero, lo que yo defino tiempo, tiempo para dedicar fases elegidas como la danza y el momento está relacionado con el amor, juegos afecto, de trabajo, de dinero, de vídeo, guitarra, dibujo, café, poesía, textos, libros, amigos, visitas familiares, visitas en mi casa, trato de acostumbrarse a él.

Cuando esto último sucede, siempre es un poco raro, y creo que ya se acostumbraron tanto en el cuidado de mí, casi siempre mucho y, a veces, cuando tengo a alguien alrededor...

Eso sí, no me acostumbro a él y creo que no debemos hacer y acostumbrarse a la soledad por sí misma, ya que sólo en realidad no lo son.

Estamos con nosotros, y buscamos siempre ser una buena compañía para hacer frente a nosotros, disfrutar, vivir con alegría en el corazón y no sólo sobrevivir, cuando nos falta ese sentimiento de sentirse a sí mismo, la redundancia ambigua raro en forma de hablar, pero esta es la vida real para aquellos que viven solos viajando por el mundo, pero no solo y, cuando no, con ese rollo, romance, citas, romance, que ambos quieren, si yo deseo amor, que tal vez, por ahora, no tengo alguien a recoger la copia de la llave que está en una taza de ese famoso hipermercado en la parte superior del escritorio.

Una cuestión de tiempo, de días, este es nuestro, de nosotros mismos y con nosotros.

MONASTERIO

EL SENTIDO DE UNA VIDA CONTEMPLATIVA

Las sandalias del maestro resonó sordamente en los escalones de piedra que conducían a los sótanos de un antiguo monasterio, construido en el sículo décimo y tenía una cara velada por una capucha y bajando lentamente ayudado por su bastón hacia los sus aposentos.

Al final de las escaleras, era un pasillo subterráneo largo, que tenía decenas de puertas y después de unos pasos, se detuvo frente a una pesada puerta de madera entreabierta, abordar sin demora, a un pequeño escritorio, donde se sentó y comenzó a hacer algunas notas sobre un gran libro, casi tan viejos como él.

La vida es un torbellino de emociones y nuestra existencia es un espléndido milagro.

Esta nuestra breve estancia aquí, no podemos escapar de nuestras pruebas, porque el dolor siempre burilando nuestros corazones, mientras vivimos.

¿Quién no conoce la famosa frase de Cristo "Haga su parte y yo haré el mío."

Esta distinción no es fácil, pero siempre es una oportunidad para aprender y también repensar nuestras actitudes, porque sólo se quejan de la vida, es evadir la responsabilidad que nos impone.

Somos seres inteligentes en este planeta y debemos deshacernos de todo aquello que impide nuestro progreso. Después de aceptar la vida no se queja, pero, al estar en su presencia y la comprensión de que su transformación en curso, es la única forma posible de la luz del conocimiento...

Esta acción y la reacción ocurren en todo lo que hay, desde el átomo al universo, en todo momento, lo que representa un movimiento natural de la vida.

Si por alguna razón, tratamos de ignorar estos cambios, por cambiar las cosas, incluso antes de que estén realmente preparados para esto, seguramente esta batalla ya está perdida, ya no están preparados para hacer frente a este sistema en el que vivimos, que significará una derrota segura.

El viejo monje estaba sola en su habitación y siguió escribiendo con sus manos temblorosas...

Tenemos que entender que la vida sigue su curso y para ella, que son un elemento más de la naturaleza, y por lo tanto tenemos que cuidar de nosotros mismos, usando nuestra arma principal., Es decir, nuestra capacidad cognitiva y por ella, tenemos que hacer una diferencia de lo que sucede con el fin de favorecer a nuestras vidas.

Siempre debemos deshacernos del polvo de los prejuicios y ver las cosas con más claridad, para luego evolucionar.

Hay dos energías primarias que son la base de esta nuestra vida temporal: el cambio y mantenimiento. Ambos son igualmente importantes, y transmite el cambio en el resultado de la transformación y evolución, ya que el mantenimiento, transmite el ritmo y la eternidad.

En la búsqueda de la aceptación de las cosas como son, no significa que tenemos que aceptar ciegamente una especie de destino, ni debemos convertirnos en víctimas de las circunstancias, ya que esto sería un alojamiento. Y los medios no aceptar acomodarlo, sin embargo, cuando reconocemos el valor de la verdadera aceptación interna, este enfoque nos libera y nos da poder, de cambiar o no de una situación dada, de acuerdo a lo que es mejor para nosotros.

Todo cambia todo el tiempo y esta es la gran verdad fundamental de la vida. Si estuviéramos dispuestos a aceptar este hecho, sin duda sufriríamos mucho menos delante de los acontecimientos, ya que cambia continuamente, nos damos cuenta de que estas cosas son lo que son o cómo están actuando, también pasará.

Para aquellos que han aprendido el arte de la aceptación, saber que este juego de cartas llamado vida, no hay lugar para el alojamiento porque hay que jugar la mano que recibió la mejor manera posible y nada puede evitar que la luz del conocimiento para llegar a nosotros.

A lo largo de nuestra historia, los hombres extraordinarios que aparecían, dependía mucho de la época en que vivían a destacar, ya que todas las cosas tienen su tiempo y este caso no fue diferente. No vale la pena luchar, simplemente porque esto no es suficiente.

Cuando buscamos a aceptar las cosas como son en la vida, es mucho más fácil de analizar cuál es su verdadero propósito en ese momento y por qué son como son. Esta actitud nos ayuda a elegir mejor a nuestra dirección, porque tenemos más claridad y, por tanto, también una mejor comprensión de la situación creada.

Dentro de este contexto, entonces estamos en mejores condiciones para definir si deja que las cosas sucedan naturalmente o si se van a pelear.

Al igual que con todas las reglas, siempre hay una excepción, el arte de vivir también tiene su.

Siempre hay un factor que debe ser considerado y lo que algunos llaman suerte, o estar en el lugar exacto en el momento adecuado con la persona adecuada, no tiene mucha diferencia de cualquier posible éxito en la vida. Sin embargo, esta buena suerte también tiene su regla, porque no todo es como una cuestión de hecho, para el sabio, el esfuerzo puede ayudar mucho.

Cuando nos estamos favorecidos por estos momentos que ocurren varias veces en el curso de nuestras vidas; el diferencial de algunas mentes, irradiando luz como los ojos de lince y la razón con maestría en la mayor oscuridad, puede hacer toda la diferencia. en su victoria.

Sí, va estar utilizando habilidades importantes y que seguramente será más ayuda en su búsqueda de la tan ansiada realización personal.

Ahora, esas otras personas que reaccionan de acuerdo a la ocasión, que representan la gran mayoría de la gente termina perjudicando a sí mismos ya menudo comprometer definitivamente su futuro y su felicidad.

La historia de la vida nos enseña que no todo el mundo tenía el tiempo que se merecen y que muchos habían dejado de disfrutar de ella.

Algunos otros fueron aún digno de mejores días, pero ya que el éxito no siempre triunfa, se sucumbió en medio de las travesuras de una sociedad que nos juzga más por nuestros defectos que por nuestras virtudes.

La vida humana es una lucha constante contra la malicia del ingenio del hombre y, a menudo luchan con la malicia estratagemas y disimulo. Para ello es importante si el desarrollo de la inteligencia ganas de siempre de proteger con precaución en cualquier posible doble matanza.

La vida es una escuela y para aquellos que saben disfrutar de sus enseñanzas, pronto aprende a evaluar mejor la verdadera intención de las personas que los rodean.

Hay mucho que saber, pero la vida es demasiado corta y si usted no sabe, no viven bien.

Por tanto, es una habilidad especial para aprender muchísimo y los que no pueden tener la sabiduría como siervo debe tener por lo menos como un compañero, porque el esfuerzo y la capacidad deben caminar juntos.

La dinámica de esta nuestra vida, tenemos que identificar rápidamente nuestra calidad superior y duplicar su uso como regla general, el discernimiento y el valor para los demás.

El viejo monje, con su cara arrugada todavía oscurecida por amplio capó, sigue escribiendo, a pesar de la hora tardía.

Acerca de esta nuestra sentencia, tenemos que entender mejor a nuestros orígenes, a ser más equilibrado.

Aunque religiosa, no desprecio Ciencia y sé que ella cree que los ladrillos básicos que componen nuestro universo se basan en una sola partícula, conocida como la "partícula de Dios" y penetrar en el núcleo más profundo del protón, una de las componentes de la átomo y puede ser considerado como la base de todo lo que existe.

Ella cree que a través de su manifestación de esto fue posible la creación de la materia y el movimiento, la sustancia y la

Ella cree que a través de su manifestación de esto fue posible crear materia y el movimiento, la sustancia y la fuerza, también permite la interacción de un tercer elemento, representado por la inteligencia.

Sin embargo, para esta existencia era primero necesario definir todas las condiciones para el desarrollo de la vida, y lo primero que pensé para colmo, era, sin duda, la creación de la luz.

Por lo tanto, podemos entender que Dios, por su propia naturaleza, es muy ligero y toda su acción consiste simplemente en un acto, la manifestación de la luz de la verdad. Por un poco comprendimos mejor a Dios, primero debemos ser verdaderamente libre, porque sólo de esta manera podemos desarrollar nuestro espíritu creativo y encontrar ese lugar sagrado dentro de nosotros donde la chispa divina de la vida eterna y nuestras esperanzas de que los pulsos, pero esto no es un fácil tarea y pocos tienen éxito.

Ahora, cuando entramos en el coraje dentro, que es una situación más humana, también debemos aprender a ser práctico, a continuación, desarrollar nuestras capacidades para adaptarse al entorno en el que vivimos, pero siempre teniendo en cuenta, sin perder nunca la compostura y ni respeto por sí mismo.

Los primeros rayos del sol ahora comenzaron a bañar sus cámaras, expresando una claridad que el viejo maestro no está acostumbrado, como escribió en su gran libro antiguo.

Luego, después de cerrado, y fue alejándose, dejando escapar un
leve sonrisa.

El otro día recorriendo el monje en el salón de unos libros, chocó un pergamino antiguo y un tanto curioso leer metódicamente, lo que refleja durante horas, al darse cuenta de que era el pergamino secreto del rey Salomón, imagina que todo el tiempo ya perdido.

A pesar de su increíble descubrimiento, no esbozar ninguna fanfarria, simplemente se sentó tranquilamente en un banco de madera en su rincón favorito y después de algo más de tiempo para el análisis detallado, la búsqueda de la veracidad del documento, decidió de una manera sorprendente, con sólo registrarse lo que acababa de leyendo en su libro viejo, feliz de regresar a su rutina como mucho de un sencillo solitario escrito, extrañamente sin discusión como tal preciosismo había llegado a sus manos.

Me había imaginado ese momento para haber sido una especie de milagro del cielo, y después de ver los rayos del sol que emanan de la ventana pequeña, fue a su mesa y continuó escribiendo...

No todo debe ser la especulación: se necesita acción. Los más sabios son los más fáciles de engañar: aunque saben cosas extraordinarias, ignorantes, no saben nada de las necesidades ordinarias de la vida.

La contemplación de las cosas sublimes no deja lugar a la ordinaria, y, a medida que pasan por alto las cosas básicas de la vida - el que todos los demás son tan perspicaz - o son admiradas, o son considerados por los ignorantes vulgar superficial.

Por lo tanto, los sabios tienen un poco de los comerciantes, no lo suficiente como para ser engañado y ridiculizado. Todo lo que tu mano halle para hacer, hazlo con todo tu corazón. Aprenda ser práctico: no puede ser más preocupantes de la vida, pero es más necesario.

¿De qué sirve el conocimiento si no es práctico? ¿Quién es sabio busca aprender, pero los necios está satisfecho con su propia ignorancia.

Cuando la sabiduría entrare en tu corazón, y la ciencia fuere grata a tu alma, la discreción te haya preservar, y te guardaré de inteligencia. Hoy en día, el verdadero conocimiento está en saber vivir.

No hay que confundir el gusto de los demás. Causando dolor en vez de placer. Algunos tratan de complacer y terminar de acoso, ya que no entienden el carácter de los demás.

Lo mismo que halaga ofende algunos otros. Lo que se consideraba un favor se convierte en reclamo. A veces, le hubiera costado menos agradable de lo aburrido.

Pierde la gratitud cuando no se sabe cómo complacer a los demás.

Si usted no entiende el carácter de alguien, no puedes satisfacer.

Es por eso que algunos pensaban estar alabando cuando en realidad insultado: un castigo merecido. Otros planean para complacer con elocuencia, cuando en realidad llevaba el alma de los demás con su locuacidad.

No confiar en su propia reputación y sin empeñar el honor de otras personas.

El daño por hablar demasiado y las ventajas de silencio debe ser recíproca.

Cuando el honor se tratara, el acuerdo debe ser en conjunto, y debe asegurar la reputación de otra persona.

Es mejor no confiar en los demás es, pero si lo hace, es con el arte, por lo que da espacio para la prudencia y la cautela. Divida el riesgo tanto para seguir el mismo interés y confidente no se convierta en un testigo contra vosotros.

Si deja que el hacha no pasó el corte y no al límite, tendrán que trabajar mucho más.

Es más inteligente para planificar antes de actuar. Saber cómo pedir. No hay nada más difícil para algunos y más fácil para los demás.

Hay quienes no pueden negar; no hace falta ser una ganzúa para tratar con ellos.

Otros no siempre tienen a la primera respuesta, en cuyo caso se requiere habilidad. Con todos ellos, actuar oportuna.

Sorprende a ellos cuando están felices, después de deleitar la mente y el cuerpo.

El hombre prudente oculta su sabiduría, el tonto anuncia su ignorancia.

Nada nos pertenece más allá del tiempo, la única morada de aquellos que no tienen hogar.

La vida es preciosa, y es tan desafortunado desperdiciarla en tareas nobles.

No sobrecargue ni ocupaciones, ni envidia. Sin leña se apaga el fuego; sin el chisme una pelea ha terminado. Se apresura a llegar sofocar la vida y el espíritu.

Algunos extienden esta regla para aprender, pero ¿quién no sabe que no vive.

No comience a vivir donde debe terminar. Hay cuatro cosas misteriosas que no puedo entender:

El vuelo del águila en el cielo, la serpiente que se arrastra en las rocas, el barco que encuentra su camino en el mar y el amor entre un hombre y una mujer.

Algunos resto al principio, dejando la fatiga hacia el final.

Hazte lo esencial en primer lugar, a continuación, si hay tiempo, el accesorio.

Algunos quieren la victoria antes de la pelea.

Para un monje, la soledad es una opción, no es aburrido, es un remedio.

Es en la soledad que captó las mejores conversaciones de nuestra vida, porque sólo en el silencio absoluto se puede escuchar la voz de nuestro propio corazón.

Es cuando la boca está cerrada, no hay nadie para intercambiar palabras ni sonrisas, debemos mirarnos a nosotros mismos.

Tenga en cuenta que las personas que odian estar solos, son los más desesperados de escape, así como los niños que huyen de las lecciones dadas por los padres.

La soledad es un lujo, no una pérdida.

Se nos acerca a nosotros mismos, ya que nada más lo hace.

Las mejores ideas serán ciertamente surgido en estos momentos introspectivos y encerrado en una habitación vacía.

Libros surgen, por supuesto, mediante la observación del mundo, pero a partir de entonces obligados número de momentos de reflexión y es la soledad.

Debido a que somos lo que somos, sin miedo ni vergüenza.

¿Quién tiene miedo de estar solo, miedo a la represión en sí.

Miedo de la propia prueba.

Pero, ¿quién puede crecer sin una lucha interna?

Deben luchar nuestras propias batallas para desarrollar nuestras estrategias de guerra.

Llorando, leer un libro, inventar teorías sobre el universo, crear un poema, estudiar todos los asuntos de la historia y tratar de conectar hechos, cantar una canción nostálgica, abra cualquier página de cualquier libro y de ese tramo, trate de recordar la secuela.

El solitario es un don, no una deuda! Hablar con usted mismo, se ríen del espejo, mirando al techo, haciendo una obra de arte, ver fotografías.

¿Alguien duda de que estos son los momentos en que nos encontramos?

¿Alguien duda de que el grito, reflexionar sobre la felicidad; en el libro, sobre el meta lenguaje; en la música, lo que fueron algún tiempo antes y el espejo de lo que somos hoy?

Es un encuentro del yo con el yo.

Y usted quiere que alguien nos entiende mejor que nosotros mismos? Soledad tiene más ventajas de lo que piensas.

Hay cosas que nos unen a la piel y nunca nos abandonan.

Ellos unas imágenes re, sonidos, olores.

A veces los pequeños gestos, las preguntas que nos hacen, nos escuchan conversaciones.

Hoy en el desayuno me recordaba.

No sé por qué o lo que me impulsó a hacerlo.

Pero, de repente, izas. Y allí estaba ella a mi lado mirándome en mi ensueño.

Nunca hablamos, nunca conoció a su nombre y, a veces incluso la duda hasta que haya existido. Cuando esta duda asalta a abrir la billetera y tratar su esquema en el interior de ese compartimiento donde guardo unos papeles en un viejo baúl y en ocasiones a hacer falta. Y es allí, redondo, sonriéndome. Me alegro de tenerla allí, me tiene una sensación extraña, como en algunas otras situaciones en las que me he sentido más cabizbajo, triste o cargado de problemas e incertidumbres, el simple contacto, el acto de sentirlo, agarrarlo y tocarlo me ha dado un alivio casi inmediato de estas dolencias.

Ya mantengo hace unos años, no estoy seguro de cuántos, ni es importante.

Era un domingo. Había ido a la iglesia, que estaba completamente lleno.

Ella bonita, toda emperifollada, una suave música de fondo anticipar la llegada de mis compañeros monjes.

Era domingo, pero no fue un domingo cualquiera.

Era domingo de Pascua.

Todo a su alrededor era fiesta y alegría.

La procesión de salir en breve.

Los madrugadores cohetes habían acordado que el populacho armado de gran fe pronto se concentró en el cementerio, la preparación de garganta, sin alma para cantar y gritar: ¡Aleluya, Aleluya.

Yo estaba ya en el sabor de siempre.
Con tiempo para ver, escuchar y apreciar la alegría que este día deposita en las personas.

Antes de que comenzara la misa de la iglesia ya estaba lleno. Sobrellenado.

Cuando comenzó la ceremonia difícilmente podría dejar espacio para otra persona.

Fue entonces que la vi.

Es w como el lado de mi pie, con gran sufrimiento y con el apoyo de un bastón.

Doblado por el peso de la edad.

Llevaba una falda negro, una blusa blanca y chaqueta de punto negro sobre también.

El pecho de un alambre con una medalla con dos corazones entrelazados.

Debajo de los corazones frase:

Nací para ti.

Fue entonces cuando nuestros ojos se cruzaron. Sonrió.

Esa sonrisa se dibujó en su conjunto me fue sembrado en mí de esa manera.

I h ad nunca se sintió un escalofrío como a través de mi cuerpo, una sensación de pureza que parecía que me haga levitar.

Aparté la vista, pero su sonrisa aún vivo en mí.

Me levanté y le di mi asiento.

Me puse de pie.

Me dio las gracias amablemente y me mantiene envuelto en la magia de esa sonrisa.

Continuó la misa.

A mi lado estaba orando totalmente concentrado.

Rodillas. Comulgado.

En un momento la vi jugar la mano en el pecho y la medalla que tenía allí.

Terminó la misa y escuchar la confusión de la salida.

De repente sentí una mina de agarrar la mano y algo redondo y metal a depositar en él.

Involuntariamente cerró la mano y miró a su alrededor. No necesitaba mirar para saber lo que era.

En la confusión de la salida tratado de llegar a él.

Gracias, decirle que él no podía aceptar.

No pude.

Lo vi ya en la puerta de salida.

Perry miró a través de la multitud.

Parecía que pasar por personas sin tocarlos.

Se dio la vuelta y volvió a sonreír.

Nunca la volví a ver.

A veces dudo de que realmente existió.

A veces los ojos y ella está a mi lado me sonreía.

Otras veces se guardan en la cartera.

Hoy cuando bebía café sentí su presencia a mi lado.

En mis sueños, ella tocó suavemente mi mano y me dijo:

¡Dame ...

Miré y ya no estaba allí.

Un enorme sol se hizo cargo de mí y una paz milagrosa me envolvió.

Los dos Envuelto.

¿Es usted mi mano y sonrió.

La misma sonrisa hermosa y traje durante cinco, diez, quince, veinte años.

Te atrape en la mano y dejar allí la medalla:

Nací para ti.

Como monje por vocación, me enteré de que puedo caminar solo, pero de ninguna manera soy una persona solitaria.

También tengo mis momentos de fluctuaciones emocionales y recuerdos a pesar de su avanzada edad aún soy joven, por supuesto, no biológicamente, sino psicológicamente.

Y a menudo, la depresión me hace sufrir una serie de periódicos, muy característico principalmente dentro de una personalidad temperamental.

Voy por las fluctuaciones o cambios en el estado de ánimo emocionales extrañas.

A veces me siento en la cima del mundo.

Estoy eufórico y exuberante listo para lograr cualquier cosa.

Me siento ligera y alegre, pero a menudo este estado de ánimo de la expansión es seguido por el estado de ánimo opuesto, la contracción y la depresión.

En estos años el monasterio desarrolló mis técnicas de autoayuda que ayudan a superar estos momentos, estimulante y redirigir mis pensamientos.

Cuando me encuentro en este estado de ánimo deprimido, suele sufrir mucho por la creación de sentimientos de culpa y de inferioridad.

Para mí la vida ha perdido su encanto, su confianza demuestra muy comprometida, hasta que finalmente comienza a alimentar deseos nihilistas.

La vida parece una noche oscura que nunca terminará, asumiendo proporciones a menudo extremas que sin la debida orientación que puede llegar incluso a menudo un grado patológico.

Sin embargo, con el asesoramiento adecuado, que dará lugar, sin duda para evitar la distorsión de estos estados las ideas que crean esas inestabilidades emocionales terribles, y que todos nosotros en un momento u otro en nuestras vidas presenciado o sentido en mayor o menor grado, nos muestra que hasta cierto punto esto es completamente normal.

Es en este punto que nuestro intelecto se vuelve crucial para lograr ese equilibrio interior mínimo proclamada sea y que nos permite disfrutar de una vida social.

Este equilibrio se producirá sobre todo en ese entendimiento, consciente o inconscientemente, las verdaderas causas de estas fluctuaciones emocionales, a la que estamos expuestos continuamente, lo que nos deja mejor preparados para que podamos ganarles, porque esta es una lucha sin fin y dura toda la vida.

Nuestras mentes, testigo en un día, muchas situaciones que nos afectan positiva o negativamente en nuestro estado de ánimo, incluso cuando no nos damos cuenta, estas interferencias sociales están siempre activos.

En general, nuestro estado de ánimo es extremadamente susceptible a todo tipo de influencia externa y, a menudo por una razón u otra, no manejar estos enormes cantidades de carga emocional que recibimos, hasta que todos estos flujos y reflujos emocionales externos en última instancia definen el nuestro estado de ánimo, la creación de un atmósfera psíquica inconsciente, en el que ya no somos dueños de nuestro propio humor, que se convierte en un simple producto del entorno externo en el que estamos expuestos, casi siempre resulta en un mal estado de ánimo.

Por el contrario, también hay períodos fáciles en nuestra vida cuando todos los vientos soplan a nuestro favor, las perspectivas son brillantes, la alegría de vivir es espontánea y la voluntad para llevar a cabo es irrompible. Esto podría ser un famoso "nuestro momento" que pasa un par de veces en nuestras vidas, y por lo tanto, es prudente para sacar el máximo provecho de ella, pero siempre teniendo cuidado de no llegar a ser demasiado confiado y termina creando una opinión de sí mismo, muy por debajo de su realidad, lo que sin duda traerá fuertes frustraciones futuras.

Muchas veces, cuando una persona se involucra por la emoción entusiasta que el éxito aparente, que a menudo conduce a cometer excesos, maltratar a los demás y antagonizar muchos intereses, provocando lo que se denomina reflujo social, es decir, una fuerte reacción por parte de las personas que la valla, la creación de un interminable atmósfera de consternación en la espalda, con el tiempo oscurece aún más su horizonte mental, lo que contribuye a un inminente empeoramiento de posibles depresiones.

Sin embargo, a los individuos mejor preparados, ningún antagonismo siempre visto como otro desafío que hay que superar.

La fuerza de la vida fluye en ellos como un muelle fuerte y elástico que no puede ser suprimida para siempre y madura y se vuelve cada vez más fuerte. De manera genérica, nuestro estado de ánimo emocional determina en gran medida nuestra forma de pensar.

En un momento de profundo dolor sólo puede percibir los hechos tristes y lo mismo ocurre con los tiempos más alegres, sólo cuando nos damos cuenta de los hechos que conducen a un estado de ánimo eufórico.

Siempre es deseable actuar con prudencia durante estas fases de ascenso del estado de ánimo emocional.

El gran secreto para mantener lejos de la depresión, en base a cómo vemos a los diversos panoramas que se forman en el curso de nuestras vidas y cómo los gestionamos, es decir, la preparación de cada uno hace la diferencia en el resultado final de esta lucha sin fin contra la depresión, lo que significa más o menos equilibrio emocional.

Siempre es importante tener en cuenta, sobre todo en esos momentos de completa desesperación en la que no pueden intelectualizar absolutamente nada, que todo pasa y nada es realmente tan fundamental, que puede suplantar importancia en la oportunidad de su vida.

La meditación es, sin duda, una de las técnicas más eficientes al momento de buscar el equilibrio interior y la práctica regular puede convertirse en un arma poderosa contra la depresión. En la medida en que el individuo mejora de esta técnica, se comienza a considerar la depresión como un mero estado mental transitorio, por lo que es muy fácil su amistad con ella.

E utilizan silentemente por los que meditan, ya que tienden a caer en una profunda depresión, es buscar en la meditación, la fuerza necesaria para detener la propagación de su interior, utilizando principalmente un análisis a fondo, un tipo de auto-evaluada valores , para la clarificación de las ideas, porque saber las causas de la depresión, es posible disipar muy fácilmente y cambiar su enfoque toda su energía mental.

Ella contribuye a la persona a encontrar y se puede entender mejor sus orígenes, por lo que es más estable y menos susceptible a los cambios externos, que se reflejan en las costumbres y tendencias sociales en la espalda y que podría desequilibrar muchas veces.

Esta disminución se produce influencias la medida en que se dará cuenta de que cada etapa de la vida tiene su significado o su importancia cuando se desplaza hacia la madurez.

Ella aparece como la base de todos nuestros problemas psicológicos.

En última instancia, todos los trastornos mentales, neuróticos y psicóticos tienen su origen en la ansiedad y otras dolencias físicas, tales como insomnio, dolor de cabeza, problemas del corazón y la presión. La ansiedad no se limita a cualquier etapa particular de la vida, o cualquier grupo de personas, sus características penetra todas las situaciones humanas, y actúa directamente en el centro de nuestras emociones.

Ella no está relacionada con ningún objeto o actitud específica y casi siempre se expresa como un mal ininteligible, lo que significa una inquietud mental, que parece no tener objetividad.

Cualquier enfoque más específico para el problema de la ansiedad, requiere un conocimiento previo de las diferentes formas en las que opera en nuestra mente, es decir, hay dos formas de expresión de la ansiedad en la mente, directa e indirecta.

Las causas directas y la represión psíquica indirecta se manifiesta como resultado de esta represión, lo que resulta en una tensión interna cada vez mayor se refleja en la mente, sin que la mente tiene ningún conocimiento definido de lo que está sucediendo.

Por último, la ansiedad es un acompañamiento inevitable en el proceso de desarrollo de la vida y es a nosotros a través del arte de la vida, la mejora de las técnicas y necesaria para una mejor integración entre sus habilidades y este renacimiento continuo que es la vida.

La sabiduría en las relaciones humanas es la marca de una personalidad madura que lleva a la felicidad en la vida y también para el desarrollo espiritual.

Es esencial para nuestro bienestar y el crecimiento interior. Nuestra vida está formada por varios planes, un equilibrio relativo entre ellos para tener una vida productiva y feliz es necesario.

Por ejemplo, para una persona para construir una carrera exitosa, no sólo el know-how o el equipo que tienen, pero pesa mucho para este éxito la calidad de la gente que conoce, es decir, que su éxito futuro sin duda no será simplemente un producto de la cantidad de habilidad que tenía, pero sobre todo cómo se las arregló para armonizar con las personas que en un momento u otro de su vida profesional, participaron en la contribución o ralentizar a tu manera.

En el desarrollo de la habilidad en el trato con las personas dentro de su convivencia, la posibilidad de fluctuaciones disminuye muy emocional.

Por otro lado, cuando usted tiene esta habilidad, sus problemas están seguros de multiplicar, que le conduce a la alienación y antagonismo social, la presión será mucho mayor, lastimando su saldo mínimo que es tan necesaria para su desarrollo constructivo y realización espiritual.

Sucede porque el propósito fundamental de la vida humana está esencialmente ligado al concepto de las relaciones humanas y cuanto más se da cuenta de esta esencia, se hace más clara su visión de la prosperidad cósmica, lo que resulta en una vida mucho más significativa y fructífera social.

La depresión, junto con el dolor y similares son las aflicciones de la mente y pueden desaparecer sin alcanzar el nivel de desesperación, pero esto es mucho más profundo, que afecta a la esencia misma de la existencia humana.

Ella es un trastorno emocional, una enfermedad de la mente, más o menos transitoria, la desesperación es mucho más crónica es una enfermedad del alma. Todos estos estados causa sufrimiento, universalmente experimentado, creando un impulso natural entre todos los seres vivos, con el fin de evitar siempre que.

Cuando pensamos en el dolor siempre viene una connotación un tanto despectiva, un hecho negativo. Por el contrario, cuando pensamos en los cambios de todo placer, porque es la meta de todos los esfuerzos normales, siendo indispensable para el estado de ingrediente felicidad y, por tanto, los seres humanos sufren con mayor intensidad cuando se vuelve consciente de sus propias limitaciones.

Sin embargo, su sufrimiento más profundo en una paradoja, es también su momento de mayor alegría. En el acto de reconocer claramente sus limitaciones, en cierto sentido, él mismo trasciende todas las limitaciones y ve ilimitada que mora dentro de ella está rodeada por numerosas limitaciones.

Así, el dolor y el placer se unen en este momento excelso de la iluminación, que define como el objetivo supremo de la vida, una dinámica que integra la felicidad, el dolor y el placer.

Moderación: cuando la pasión y la razón, la naturaleza y el espíritu deben ser impulsadas por una armonía dinámica. Sin la guía de la razón, una vida se pierde en auto pasión la disipación, en el caos de impulsos contradictorios, que se reflejan en el espíritu.

Disciplina corporal: cuando el cuerpo tiene que estar preparado como una herramienta para la búsqueda de una vida espiritual más profunda.

Concentración: es un paso esencial en la meditación y es movilizar los recursos de la mente en una dirección, centrándose energía mental en un objetivo definido.

La observación de sí: es el momento de la suspensión, la relajación completa. Dejamos el cuerpo y la mente en la libertad y decidimos no hacer nada. Discernimiento: consiste en la concentración y la auto observación imparcial, buscando alivio del estrés y las tensiones de la vida cotidiana, que implican la relajación y auto vaciado.

Iluminación: sin ella, la meditación reduce a un ejercicio inútil porque representa el alma de la meditación, es la percepción de ser.

Dedicación: Esta es la etapa final de la meditación y consiste en una dedicación activa a la prosperidad cósmica, que representa el momento en que la percepción de su ser se integra con el universo.

Algunos caminan los senderos, es la sensibilidad que domina, es lo que rige sus objetivos, muy perjudiciales para su estabilidad emocional, la prevención de los juicios más objetivas de los hechos, por último, una sensibilidad de esclavos.

Llena sus vidas con sueños, ensueños, pero soñar la vida, no vivirla.

Tienes que seguir adelante, pero si usted lo usa, es bueno soñar, pero sólo como un motivador de la acción.

El d resmas ayudarnos a trazar metas, objetivos de vida, pero a cambio también nos frustra, nosotros y lío decepcionar con nuestro muy emocional, que es el aspecto más vital de la personalidad humana.

Se cubre por un lado, los impulsos instintivos de la naturaleza y el otro incluye sentimientos nobles.

El individuo puede lograr una gran superioridad intelectual y sin embargo siguen siendo emocionalmente un bebé.

El equilibrio emocional y la madurez son ingredientes esenciales para el desarrollo personal, pero para ello, tenemos que adquirir un conocimiento íntimo de nosotros mismos, tenemos que poner límites a nuestros impulsos, deseos y sueños, tratando de realizarlas de manera racional y organizado posible.

Desde la infancia la circunstancia de la muerte es un hecho que nos llama la atención, nos guste o no.

.

No podemos vivir indiferente a ella, porque toda la estructura de nuestra vida se basa en este fenómeno. Sin embargo, la mayoría de la gente trata de alejarse de este tema, tan terriblemente perturbador, creando una inmensa emocional y sin resolver que atormenta al individuo durante toda su vida, paralizando su iniciativa y asfixiando su espíritu, causando intensas fluctuaciones emocionales.

La muerte en la mente funciona como un signo de interrogación negro y cómo el individuo resuelve esta pregunta en su mente determina toda su manera de vivir y, por tanto, es una cuestión que tiene que resolverse en primer lugar, cada uno debe investigar, intercambiar ideas y encontrar tu verdad a este fenómeno como la vida natural y fascinante.

Es la armonía. Cuando toda la existencia se convierte unificada, en el que se concilian todas las contradicciones aparentes. No puede haber felicidad sin la auto-desarrollo adecuado, ya que hay muchas tendencias conflictivas en nuestra naturaleza.

Un error doloroso es tomar tal o cual deseo demasiado, nunca dar mayor importancia a tal o cual aspecto de la vida a costa de todos los demás. En caso de ser ante todo un auto organización inteligente dentro de nuestras vidas, que es el principio fundamental para lograr una vida equilibrada.

Siempre tenemos una multitud de deseos, aparentemente contradictorios y entrelazados en nuestra mente, no son diferentes,,, impulsos altruistas egoístas racionales primitivos y dar a todo el mundo siempre buscando ser administrada como una meta el espíritu de la cooperación inteligente entre la naturaleza y el espíritu, ya que sin espíritu de la naturaleza es ciega y la naturaleza paralizado del espíritu es, finalmente, en la vida, la felicidad sólo se puede lograr cuando se sigue la ley de distribución adecuada, que es el principio de funcionamiento del concepto de armonía. En esta gran aventura que es la vida, esperamos un milagro cada día, pero nos olvidamos de que este milagro es dentro de nosotros mismos, la vida misma.

Vivimos en un baño de sensaciones, de la que una parte pequeña atrae nuestra atención y que buscamos en la religión, el arte y la ciencia, el gran sentido de la vida, pero la experiencia nos enseña que no todos los caminos son para todos los caminantes.

Esto se debe a que algunos se olvidan de ayudar a su interior al amanecer y terminan viviendo una existencia aburrida, eso no significa que el éxito o el dinero, sino simplemente una vida equilibrada y bien vivida.

Nuestra realidad es casi siempre menos dramática que la opinión que tenemos de él, siempre debemos estar atentos optimista, renovar nuestras energías en cualquier momento, purificar nuestros pensamientos con una imaginación sana, siempre tratando de mantener la mente fuerte y tranquilo, después de todo en la piel, todos los problemas son psicológicos.

Para el optimista, lo que importa es que ahora, en este mismo momento, nacen, las crecientes oportunidades rica y pura, que la esencia más noble de vivir me fluir en millones de personas en todas partes del mundo, para aquellos de nosotros tiene el privilegio de perder el flujo, captura la vida vibrante que sólo se manifiestan a través de positivismo, por tanto, siempre será positivo, optimista, optimista, alegre, fluctuaciones emocionales que son cada vez más distante de su corazón y su vida.

Comience el día siempre visualizando "Voy a tener un día lleno de felicidad", y hacer que el trabajo la realidad a su favor.

El objetivo final de la vida es la armonía.

Cuando toda la existencia se convierte unificada, en el que se concilian todas las contradicciones aparentes.

No puede haber felicidad sin la auto-desarrollo adecuado, ya que hay muchas tendencias conflictivas en nuestra naturaleza.

Un error doloroso es tomar tal o cual deseo demasiado, nunca dar mayor importancia a tal o cual aspecto de la vida a costa de todos los demás.

Siempre debemos tratar de ser ante todo una auto-organización inteligente dentro de nuestras vidas, que es la clave para conseguir realmente un principio de vida muy equilibrada, alegre y amable.

Siempre tenemos una multitud de deseos, aparentemente contradictorios y entrelazados en nuestra mente, hay diferentes impulsos primitivos, racional, egoísta, altruista, entre otros y todos deben estar bien gestionado que el objetivo principal siempre buscando el espíritu inteligente de la cooperación entre la naturaleza y el espíritu, ya que sin la naturaleza espiritual es ciego y el espíritu de la naturaleza paralizado por fin está en la vida, la felicidad sólo se puede lograr cuando se sigue la ley de la distribución apropiada, que es el principio de funcionamiento del concepto de armonía.

Cuando miramos entre las líneas de esta gran aventura que es la vida, la esperanza todos los días una especie de milagro, pero nos olvidamos de que este milagro es dentro de nosotros mismos, la vida misma. Vivimos en un baño de sensaciones, de la que una parte pequeña atrae nuestra atención y que buscamos en la religión, el arte y la ciencia, el gran sentido de la vida, pero la experiencia nos enseña que no todos los caminos son para todos los caminantes.

Esto se debe a que algunos se olvidan de ayudar a su interior al amanecer y terminan viviendo una existencia aburrida, eso no significa que el éxito o el dinero, sino simplemente una vida equilibrada y bien vivida.

Nuestra realidad es casi siempre menos dramática que la opinión que tenemos de él, siempre debemos estar atentos optimista, renovar nuestras energías en cualquier momento, purificar nuestros pensamientos con una imaginación sana, siempre tratando de mantener la mente fuerte y tranquilo, después de todo el piel en todos los problemas psicológicos son, lo que importa es que ahora en este mismo momento, nacen, las crecientes oportunidades rica y pura, que la esencia más noble de vivir me fluir en millones de personas en todas partes del mundo, porque ¿quién de nosotros tiene la privilegio de perder el flujo, captura la vida vibrante que sólo se manifiestan a través de positivismo, por tanto, siempre será positivo, optimista, optimista, alegre, fluctuaciones emocionales que son cada vez más distantes de su corazón y su vida.

Comience el día siempre visualizando "Voy a tener un día lleno de felicidad" y hacer realidad el trabajo en su favor.

.

Es tan encantador que gana la gracia de Dios y los hombres.

No hay nada tan hermoso como una virtud, no tan desagradable como la adicción.

La virtud no es auténtica; todo lo demás es imitación.

Capacidad y grandeza se mide por la virtud, no por suerte.

Sólo la virtud es suficiente para sí mismo.

El amor nos hace recordar a los vivos ya los muertos.

El temor del Señor es el principio del conocimiento; los necios desprecian la sabiduría y la disciplina.

Joder quien no me gusta, soy lo que soy hoy en día y estoy orgulloso.

Si el mundo proviene de?

Se puede ver que estoy esperando con los puños cerrados!

Agora de uma coisa eu tenho Certeza, Assim Como os perfumes alegram una vida, una amizade sincera dá animo pára viver. Um brinde a renovação!

LABERINTOS DE LA VIDA

¿Cuál es la diferencia entre el alma y el espíritu?

La palabra "espíritu" se refiere sólo a la faceta inmaterial del hombre.

La humanidad tiene un espíritu, pero nosotros no somos un espíritu. No obstante, de acuerdo a la Escritura, sólo los creyentes, aquellos en los que el Espíritu Santo mora, son "espiritualmente vivos" (I Corintios 2: 11, Hebreos 4:12, Santiago 2:26). Los no creyentes están "espiritualmente muertos" (Efesios 2: 1-5, Colosenses 2:13).

En los escritos de Pablo, el "espíritu" era central en la vida espiritual del creyente (I Corintios 2:14; 3: 1.15: 45, Efesios 1: 3; 5:19, Colosenses 1: 9, 3: 16).

El espíritu es el elemento en el hombre que le da la capacidad de tener una relación íntima con Dios.

Siempre que se utilice la palabra "espíritu", se refiere a la parte inmaterial del hombre, incluyendo su alma.

La palabra "alma" se refiere no sólo a la parte inmaterial del hombre, sino también el material de la pieza.

El hombre tiene un espíritu, sino un alma. En su más sentido básico, la palabra "alma" significa "vida".

No obstante, la Biblia va más allá de la "vida", que se extiende a muchas áreas. Uno es el deseo del hombre al pecado (Lucas 12:26).

El hombre es malo por naturaleza, y como resultado, ha contaminado el alma.

El principio de la vida se retira en el momento de la muerte física (Génesis 35:18, Jeremías 15: 2).

El "alma" como el "espíritu" es el centro de muchas experiencias espirituales y emocionales (Job 30:25, Salmo 43: 5; Jeremías 13:17).

Se utiliza cada vez que la palabra "alma", puede referirse a toda la persona, viva o después de la muerte.

El "alma" y "espíritu" son similares en la forma en que se utilizan en la vida espiritual del creyente.

Son diferentes en su identidad.

El "alma" es la visión horizontal del hombre con el mundo.

El "espíritu" es la visión vertical del hombre con Dios.

Es importante entender que ambos se refieren a la parte inmaterial del hombre, pero sólo el "espíritu" se refiere al hombre caminar con Dios.

El "alma" se refiere al hombre a pie en el mundo, tanto material como inmaterial.

El hecho de la existencia de Dios es tan visible, tanto a través de la creación y por medio de la conciencia del hombre, que la Biblia llama el ateo un "tonto" (Salmo 14: 1).

Por lo tanto, la Biblia nunca trata de demostrar la existencia de Dios, sino que asume su existencia desde el principio (Génesis 1: 1).

Lo que la Biblia hace es revelar la naturaleza, el carácter y la obra de Dios.

Cuando pensamos correctamente acerca de Dios es de suma importancia debido a que una idea falsa acerca de Dios es idolatría.

En el Salmo 50:21, Dios reprende al impío.

Para empezar, una definición buena y breve de Dios es "el Ser Supremo, el Creador y Señor de todo cuanto existe, el Ser existente por sí mismo que es perfecto en el poder, la sabiduría y la bondad.

Sabemos ciertas cosas acerca de Dios son verdad por una razón: en su misericordia.

Él nos mostró algunas de sus cualidades.

Dios es espíritu, por su naturaleza intangible (Juan 4:24).

Dios es Uno, pero existe en tres personas: Dios Padre,

Dios el Hijo y Dios el Espíritu Santo (Mateo 3: 16-17).

Dios es infinito (1 Timoteo 1:17), sin igual (2 Samuel 7:22) y no cambia (Malaquías 3: 6).

Dios existe en todas partes (Salmo 139: 7-12), lo sabe todo (Mateo 11:21) y tiene todo poder y autoridad (Efesios 1, Apocalipsis 19: 6).

Sigue algunas de sus cualidades y características de Dios según se revela en la Biblia: Dios es justo (Hechos 17:31), amorosos (Efesios 2: 4-5), la verdad (Juan 14: 6) y santo (1 Juan 1: 5) .

Dios muestra compasión (2 Corintios 1: 3), la misericordia (Romanos 9:15) y la gracia (Romanos 5:17).

Dios juzga el pecado (Salmo 5: 5), sino que también ofrece el perdón (Salmo 130: 4).

No podemos comprender a Dios lejos de sus obras, como Dios hace que los flujos de Él es.

Dios es el único que tiene el privilegio de vivir en el presente, ya que sólo existe para él.

Nosotros siempre vivir en el pasado porque tenemos un retraso de la percepción y cuando los entendemos, antes de que se han producido algunos microsegundos.

Aquí un resumen de las obras de Dios, más allá, la lista presente y futuro: Dios creó el mundo (Génesis 1: 1, Isaías 42: 5); Él sostiene activamente el mundo (Colosenses 1:17);

Él está llevando a cabo su plan eterno (Efesios 1:11), que consiste en la redención del hombre de la maldición del pecado y de la muerte (Gálatas 3, 13-14); Él atrae a la gente a Cristo (Juan 6:44);

Él disciplina a sus hijos (Hebreos 12: 6) y él han de juzgar al mundo (Apocalipsis 20: 11-15).

En la persona del Hijo, Dios se encarnó (Juan 1:14).

El Hijo de Dios se hizo Hijo del hombre, y por lo tanto es un "puente" entre Dios y el hombre (Juan 14: 6, 1 Timoteo 2: 5).

Es sólo a través del Hijo que podemos tener el perdón de los pecados (Efesios 1: 7), la reconciliación con Dios (Juan 15:15, Romanos 5:10) y la salvación eterna (2 Timoteo 2:10).

En Jesucristo "habita corporalmente toda la plenitud de la Deidad" (Colosenses 2, 9).

Así que para saber realmente quién es Dios, todo lo que tenemos que hacer es mirar a Jesús y seguir su naturaleza siempre esperando el tiempo de Dios (kairós)

Kairós es una antigua palabra griega que significa "derecho", "el momento adecuado" o "suprema".

En la mitología, Kairós es el hijo de Cronos. Los antiguos griegos tenían dos palabras para la noción moderna de "tiempo": chronos y kairos. ...

El proceso del mundo aún no se decide en cualquier lugar, ni se está frustrado; y los hombres pueden estar en la tierra de los guardianes de su camino aún no decidieron ya sea para salvación o destrucción.

La distinción entre pasado, presente y futuro es sólo una ilusión obstinadamente.

No creas en algo simplemente porque usted ha oído hablar.

No creas algo sólo porque todo el mundo habla.

No creas en algo simplemente porque está escrito en sus libros religiosos. No creas algo sólo porque sus maestros y profesores dicen que es verdad.

No creas en las tradiciones sólo porque se pasaron de generación en generación.

Pero después de mucho análisis y comentario, si ves algo que está de acuerdo con la razón, y que conduce al bien y beneficio de todos, aceptarlo y vivirlo.

Trabajo diligentemente por algo no es una actividad menor.

El pasaje paralelo del verso normal es 1 Timoteo 6.12: \ "pelear la buena batalla de la fe... \" en ambos casos, se trata de trabajar con seriedad, o luchar, como un atleta que va a participar en un evento deportivo.

La analogía del deporte ofrece una ilustración muy clara: buenos atletas tienen que trabajar vigorosamente para satisfacer las demandas de su deporte. Del mismo modo, un cristiano dedicado ellos mismos espiritualmente para satisfacer la exhortación de Paul debe condición: \ "Ejercicios te personalmente en misericordia \" (1 Tm 4,7).

Paul utilizó con frecuencia la correlación entre los esfuerzos de los atletas y el piso de los cristianos para mostrar que la vida de un creyente nacido de nuevo no está diseñada para la pasividad.

Se requiere entrenamiento espiritual, que incluye muchas de las cualidades demostradas por un atleta superior: diligencia, autodisciplina, dedicación, voluntad de aprender, etc..

PALABRAS DE SALOMÓN

Hay un momento adecuado para todo. Hay una época para todo bajo el cielo... Un tiempo para nacer y un tiempo para morir... Un tiempo para plantar y un tiempo para cosechar lo que sembró... Un tiempo para la lucha, un tiempo para sanar las heridas. Un tiempo de destruir y otro para reconstruir... tiempo de llorar y tiempo de reír. Un tiempo para llorar y otro para bailar de alegría.

Un tiempo para esparcir piedras, y un tiempo para recogerlas.

Tiempo de abrazar, y tiempo de alejarse si... Un tiempo para buscar y otro para perder... Un tiempo para almacenar y distribuir a... Un tiempo para rasgar y coser. Un tiempo de callar y otro tiempo para hablar... Un tiempo para amar y un tiempo para odiar... Un tiempo para la guerra y un tiempo para la paz.

Dios inspiró a los más sabios Rey y rica para componer frases brillantes llenos de consejos para que usted pueda prosperado en todas las áreas de su vida.

Nada está fuera de límites en este fabuloso libro de la Biblia. El comentario es práctico, actual, y el impacto espiritual. No hay nada mejor en todo.

"Dans le silence et la soledad, en n'entend plus que L'Essentiel".

INFORMACIÓN Y PUBLICACIONES

Twitter: Autor_Wladimir